**Bibliografische Information der Deutschen Nationalbibliothek:**

Die Deutsche Bibliothek verzeichnet diese Publikation in der Deutschen National-bibliografie; detaillierte bibliografische Daten sind im Internet über http://dnb.d-nb.de/ abrufbar.

**Impressum:**

Copyright © 2016 GRIN Verlag, Open Publishing GmbH
Druck und Bindung: Books on Demand GmbH, Norderstedt Germany
ISBN: 9783668303843

**Dieses Buch bei GRIN:**

http://www.grin.com/de/e-book/340564/was-ist-guter-unterricht-ein-angebots-nutzungs-modell-helmkes-und-10-merkmale

**Anonym**

**Was ist Guter Unterricht? Ein Angebots-Nutzungs-Modell Helmkes und 10 Merkmale Guten Unterrichts**

GRIN Verlag

**GRIN - Your knowledge has value**

Der GRIN Verlag publiziert seit 1998 wissenschaftliche Arbeiten von Studenten, Hochschullehrern und anderen Akademikern als eBook und gedrucktes Buch. Die Verlagswebsite www.grin.com ist die ideale Plattform zur Veröffentlichung von Hausarbeiten, Abschlussarbeiten, wissenschaftlichen Aufsätzen, Dissertationen und Fachbüchern.

**Besuchen Sie uns im Internet:**

http://www.grin.com/

http://www.facebook.com/grincom

http://www.twitter.com/grin_com

# Inhalt

# 1. Vorbemerkung

Die vorliegende Zusammenfassung des Themas wurde im Rahmen der Vorbereitung zu einer Prüfung im Studiengang Master of Education erstellt. Hauptsächlich wurde als Grundlage das Buch „Unterrichtsqualität und Lehrerprofessionalität. Diagnose, Evaluation und Verbesserung des Unterrichts" von Andreas Helmke, sowie „Unterrichtsqualität: Erfassen Bewerten Verbessern" des selbigen Autors verwendet.

# 2. Einleitung

Die Diskussion über guten Unterricht an deutschen Schulen findet immer wieder Anklang in der breiten Gesellschaft. Was benötigt das Schulsystem um die Schülerinnen und Schüler erfolgreich in der Gesellschaft werden zu lassen? Dieses Thema wird kontrovers diskutiert. Oft fehlt den Diskussionen jedoch eine wissenschaftliche Grundlage. Einen neuen Anstoß für eine wissenschaftliche Untersuchung lieferte die PISA Studie 2000. Erstmals wurde von der OECD ein Testverfahren entwickelt, dass Basiskompetenzen der Schülerinnen und Schüler weltweit vergleichbar machte. Ziel war es dabei nicht die fachlichen Fähigkeiten, die oft an das Reproduktionsvermögen gekoppelt sind, zu prüfen, sondern die Erträge von Schule zu ermitteln.

Die Ergebnisse sind damals in aller Munde gewesen. Jeder sprach von dem vergleichsweise schlechten Abschneiden der deutschen Schülerinnen und Schüler. Schnell wurden Forderungen laut, dass das Schulwesen eine Reform benötige, damit Deutschland bei zukünftigen Tests besser abschneiden möge und vor allem die Schülerinnen und Schüler im internationalen Vergleich erfolgreicher seien.

In dieser Arbeit soll das Thema des „guten Unterrichts" behandelt werden. Was macht Unterrichtsqualität aus und wie war und ist Unterricht in Deutschland geprägt. Welche Konsequenzen zog die Kultusministerkonferenz (KMK) aus dem Desaster PISA? In welche Richtung entwickelte sich der Unterricht? Die Ergebnisse der PISA Studie werden kurz in ihrer Bedeutung für Deutschland und den Unterricht zusammengefasst. Ebenso wird mit der Hattie-Studie eine weitere Quelle an empirischen Daten vorgestellt und deren Relevanz für Unterricht ermittelt. Nicht zuletzt versuche ich die Frage zu beantworten, was guten Unterricht ausmacht. Ich werde das Angebots-Nutzungs-Modell von Helmke vorstellen und deren Leistungen, aber auch die Grenzen aufzeigen. Außerdem bietet Helmke einen Merkmalskatalog an, der mit 10 Merkmalen eine mögliche Deutung von gutem Unterricht schafft. Den Nutzen und die Risiken von solchen Merkmalskatalogen müssen abgewogen werden. Schließlich werde ich den Zusammenhang zwischen ANM und dem Merkmalskatalog erfassen und zwei Merkmale genauer untersuchen. Dabei handelt es sich um die Klassenführung und die aktive Lernzeit. Welche Relevanz haben die Merkmale für den Unterricht und wo lassen sie sich im ANM einordnen?

Am Ende steht jedoch immer die Frage, welche Auswirkungen auf die Praxis die einzelnen Modelle und Theorien haben. Lassen sich empirische Belege für deren Wirksamkeit finden und wie schneiden hierbei die zwei Merkmale ab?

## 3. PISA 2000

Die PISA Studie im Jahr 2000 hatte als Ziel den Ertrag von Schulen weltweit zu ermitteln. In Deutschland gab es einen Zusatz, sodass auch die einzelnen Bundesländer untereinander verglichen werden konnten. Durch die PISA Studie war es so erstmals möglich, Bildungssysteme weltweit zu vergleichen und die Diskussion damit auf empirischen Grundlagen beruhend führen zu können. Geprüft wurden die Schüler nicht in Fachwissen, sondern in Basiskompetenzen, wie Lesekompetenz, mathematischer Grundbildung und naturwissenschaftlicher Grundbildung. Diese Kompetenzen wurden in fünf Kompetenzstufen gegliedert (vgl. Baumert).

Die Ergebnisse beunruhigte die Gesellschaft in Deutschland, denn in allen drei Bereichen sind die mittleren Ergebnisse für die 15-Jährigen deutlich unter dem OECD-Durchschnitt. Probleme bereiteten demnach vor allem Aufgaben, die ein qualitatives Verständnis voraussetzten und nicht auf reproduzierbares Wissen zurückgegriffen werden konnte. Zudem weißt Deutschland eine höhere Streuung der Ergebnisse auf als andere Länder, besonders im Bereich der Lesekompetenz. Besondere Probleme bereitet dabei der untere Leistungsbereich. Im oberen Leistungsbereich sind generell aber auch nur durchschnittliche Ergebnisse erreicht worden. Der Zusammenhang von sozialer Herkunft und Kompetenz-Erwerb ist in Deutschland besonders signifikant. Auch hier ist der Zusammenhang wieder besonders stark in dem Bereich der Lesekompetenz.

Die Ergebnisse wurden zum Anlass genommen, das Schulsystem in Deutschland zu verändern. Bereits im Jahr 2001 verständigte sich die KMK auf mehrere Handlungsfelder, die einer Reform bedürfen. Dazu zählen der Ausbau der Sprachförderung und –Kompetenz und eine bessere Verzahnung von schulischer Ausbildung. Als ein wichtiges Handlungsfeld ist dabei die Weiterentwicklung und Sicherung von Qualität im Unterricht auf Grundlage von Standards, sowie eine ergebnisorientierte Evaluation zu nennen. Des Weiteren ist eine Maßnahme zur Verbesserung der Professionalität der Lehrertätigkeit angekündigt, insbesondere im Hinblick auf diagnostische und methodische Kompetenz als Bestandteil systematischer Schulentwicklung. Dabei sollen die Schulen bei der internen Evaluation Unterstützung und Begleitung erhalten.

Diese Handlungsfelder sind als ein erstes Maßnahmenpaket gedacht, das genutzt werden kann, um Unterricht besser zu verstehen und die Qualität des Unterrichts zu verbessern. Helmke spricht als Folge der „PISA-Katastrophe" von einer „empirischen Wende der Bildungspolitik" in Deutschland (Helmke 2007). Die Bedeutung des Ertrags von Unterricht sollte ins Zentrum der Bildungspolitik gerückt werden. Darüber bestand Einigkeit bei Politikern, Elternverbänden und Bildungspolitikforschern. Die Orientierung weg vom Wissen das lediglich auf Reproduktion setzt, hin zu einer Kompetenzstärkung in den verschiedensten Gebieten. Die Outputorientierung sollte von nun an gefördert werden.

## 4. Empirische Wende

Damit die empirische Wende auch tatsächlich zustande kommt, benötigt es Rückhalt bei den Lehrerinnen und Lehrern und in den Schulen. Die Akzeptanz der Empirie in der Schule ist in den naturwissenschaftlichen Fächern generell groß gewesen. In den Geisteswissenschaften aber gab es große Vorbehalte, bis hin zur Ablehnung der empirischen Lehr-Lern-Forschung und Evaluation. Es zeichnete sich aber bereits ab, dass nicht nur der Input, sondern besonders der Output entscheidende Faktoren beim Ertrag der Schule ist. Daher mussten nicht nur Gesetze, Lehrpläne, Erlasse, etc. international verglichen werden, sondern die Kompetenzen. Die Wirkung der Schule am messbaren Output ist entscheidend. Dies ist eine ziemlich neue Sichtweise, denn hier in Deutschland herrschte eine Art „Steuerungsillusion" vor (Stryck 2000). Man war der Ansicht, dass sich alleine durch den Input durch z.B. ein veränderter Lehrplan, der Output entscheidend verändern lässt. Das ist aber nur zum Teil der Fall und hat, wie in PISA gezeigt, keine große Wirkung gehabt. Weinert fordert deshalb, dass eine Rückbesinnung auf den Unterricht stattfinden müsse als eine „Verbesserung der Qualität des Lernens und Lehrens" als Antwort auf mittelmäßige bis schlechte Leistungen in Evaluationen (Weinert 2000).

Die fachlichen Schwächen von Schülerinnen und Schülern sind dabei gut bekannt. Durch Vergleichsarbeiten wie VERA und Lernstandserhebungen wie PISA, IGLU und TIMSS ist es aber auch möglich, wie bereits gesagt, auch Kompetenzdefizite jenseits des fachlichen Wissens aufzuzeigen. Entscheidend ist, welche Konsequenzen aus den empirischen Befunden erfolgen sollten. Da besonders die Kompetenzdefizite ausgeglichen werden müssen, ist es um so wichtiger, dass es regelmäßige Evaluationen des Unterrichts gibt. Dazu muss die Evaluationsforschung ausgebaut und bestehende Probleme beseitigt werden. Häufige

Probleme der empirischen Untersuchungen sind, dass sie nur selten methodischen Standards entsprechen. Hier müsste Abhilfe durch eine wissenschaftliche Begleitung stattfinden. Des Weiteren ist der Begriff des „guten Unterrichts" unscharf definiert. Gemeint sein könnte die Professionalität der Lehrperson, die Unterrichtseffekte oder eine Mischung aus verschiedenen Begrifflichkeiten. Auch gibt es oft Missverständnisse, dass die Quantität des Unterrichts mit der Qualität gleichgesetzt wird. Hier kommt es vor allem auf die Professionalität der Lehrperson an. Ebenso ist die Anwendung von innovativen Methoden noch lange kein „guter Unterricht". Hier herrscht also noch Reformbedarf, nicht zuletzt, weil es in Deutschland lange Zeit kaum eine Feedbackkultur gegeben hat, wie es in anderen Ländern der Fall ist (Oelkers, 2008). Daher ist das alleinige Reden über Reformen und Evaluation ohne die Praxis dehnbar, wie jede andere Reformsprache (Oelkers 2008).

Unterricht darf aber kein Selbstzweck für sich sein, sondern muss angepasst an die Bedürfnisse der Schülerinnen und Schüler sein. „Das Auslösen und Optimieren von Lernprozessen ist das Ziel des Lehrens, insoweit ist es dem Lernen zweckrational vor- und untergeordnet zugleich" (Hasselhorn & Gold 2006). Guter Unterricht ist demnach lernwirksamer Unterricht. Um zu verstehen, wie Unterricht „gut" gestaltet werden kann, ist es von Nöten, dass man ein Wissen über individuelle Lernprozesse gewinnt. Sämtliche Merkmalskataloge erscheinen sonst als eine Liste mit beliebigen Aspekten, deren Einhalt nur einer vagen Vermutung nahekommt.

Unterricht kann man als eine „didaktisch geplante und deshalb sowohl thematisch abgrenzbare als auch zeitlich hinreichend umfassende Sequenzen des Lehrens und Lernens im Kontext pädagogischer Institutionen" definieren. (nach Helmke, Handbuch Unterricht 2006). Unterricht lässt sich prinzipiell aus zwei Perspektiven betrachten. Der Prozessebene und der Produktebene. Auf der Prozessebene finden die Lehr- Lern- und Interaktionsprozesse statt und es entscheiden sachliche Kriterien (z.B. Strukturiertheit, Motivierung, etc.) darüber, ob Unterricht erfolgreich ist. Auf Seiten der Produktebene ist der Erfolg des Unterrichts, gemessen an den Zielkriterien, maßgeblich. Unterrichtsqualität entspricht hier der nachweislichen Wirkung, die der Unterricht erzielt.

## 5. ANM Helmke

Helmke hat hier ein Modell weiterentwickelt, das ursprünglich aus der Wirtschaft stammt, ein „Angebots-Nutzungs-Modell der Unterrichtswirksamkeit" (Helmke 2006). Ziel des Modells ist es, Faktoren der Unterrichtsqualität in ein umfassendes Modell der Wirkungsweisen und Zielkriterien des Unterrichts zu integrieren. Dabei lässt sich Unterricht als ein Angebot darstellen, das aufgrund von Lernaktivitäten zu einer Nutzung führt und am Ende ein gewisser Ertrag gemessen werden kann. Das unterrichtliche Angebot führt allerdings nicht direkt zu den Wirkungen, sondern ist von zwei Typen von vermittelnden Prozessen auf Schülerseite abhängig. Werden die Erwartungen des Unterrichts überhaupt wahrgenommen und als solche interpretiert? Und wenn ja, zu welchen Mediationsprozessen führen sie bei den Schülerinnen und Schülern? Diese beiden Prozesse führen schließlich zu einer Lernaktivität auf Schülerseite. Die Mediationsprozesse hängen ihrerseits wieder stark von den individuellen Eingangsvoraussetzungen der Schülerinnen und Schüler ab. Z.B. ist es von Bedeutung, welche **Vorkenntnisse** die Schülerinnen und Schüler haben, welche Lernstrategien sie kennen und anwenden können und welche Lernmotivation sie mitbringen. Schülerleistungen sollten deshalb mindestens zweimal getestet werden. Im Idealfall zu Beginn und zum Ende des Schuljahres. In der Münchener Studie wurde der Zusammenhang von Vorkenntnisniveau und Qualität des Unterrichts untersucht. Dabei kam heraus, dass nicht nur der Lernerfolg mit Vorkenntnissen größer war, sondern dass die Qualität des Unterrichts selbst mit größeren Vorkenntnissen stieg.

Außerdem hängen die Mediationsprozesse auch von dem **Klassenkontext** ab. Herrscht in der Klasse ein lernförderliches Klima oder ist die personelle Zusammensetzung der Klasse einem erfolgreichen Lernen eher hinderlich? So wurde in dem Münchener Aufmerksamkeits-Inventar (MAI) das Aufmerksamkeitsverhalten von Grundschülern getestet. Dabei wurden sie in fünf Kategorien eingeordnet, wobei ein jeweils unterschiedliches Aufmerksamkeitsverhalten dokumentiert wurde. Als Ergebnis dieser und auch anderer Untersuchungen lässt sich sagen, dass Unterricht vor allem die Lernaktivität anregen muss. Dies geschieht vor allem durch Motivation und Emotionen. Neben diesen zwei Aspekten gibt es noch weitere Rahmenbedingungen, die eine Rolle spielen. Dazu zählen kulturelle Rahmenbedingungen, der regionale Kontext und nicht zuletzt der Bildungsgang, bzw. die Schulform, in der der Unterricht stattfinden soll. Der gleiche Unterricht kann für verschiedene Schülerinnen und Schüler einen unterschiedlichen Ertrag bringen, da die Eingangsvoraussetzungen verschieden sind und es so zu unterschiedlichen Wechselwirkungen kommen kann. Die Spezifität ist entscheidend, das bedeutet eben auch, dass nicht alle Ergebnisse, die in der Forschung publiziert werden, auf alle Klassen übertragbar sind. Alle Aussagen zur Qualität des Unterrichts beziehen sich auf den soziokulturellen Kontext und den drei weiteren elementaren Kontexten, der Altersstufe, dem Bildungsgang und dem Unterrichtsfach. Dabei kommt dem Schulklassenkontext eine Schlüsselrolle zu. Unterrichtsqualität und Klassenkontext stehen in einem dynamischen Verhältnis zueinander, wobei die Unterrichtsqualität als Ursache und Wirkung zugleich gesehen werden kann. Es ist daher natürlich auch möglich, dass in „ungünstigen Klassen" qualitativ guter Unterricht stattfinden kann, er muss dort nur anders aussehen als in „günstigen Klassen".

Das Angebot ist folglich nicht nur Input des Lehrers, sondern auch die Schülerinnen und Schüler bereiten Angebote. Diese reziproke Sichtweise von Angebot und Nutzung muss verstanden werden, damit die Qualität von Unterricht verstanden werden kann. Diese Angebote von Schülerseite sind nicht die Ausnahme, sondern die Regel. Das (meistens) verbale Angebot von Schülerinnen und Schülern kann privat, fachlich und vom Lehrer gewollt oder ungewollt sein. Das reciprocal teaching ist dabei nur eine Form des Angebots. Schülerinnen und Schüler übernehmen z.T. Aufgaben von Mentoren, Tutoren oder Lehrer selbst. Außerdem können und sollten Lehrer durch Schülerfehler lernen. Ein Scheitern des Lernerfolgs sollte dabei nicht nur auf fehlgeschlagene Lernprozesse, sondern auch auf das Angebot der Lehrerinnen und Lehrer bezogen werden. Lehrerinnen und Lehrer können Schülerfehler als Angebot wahrnehmen, ihre Inhalte und Methoden daraufhin zu überdenken und zu bearbeiten. Das reale Unterrichtsangebot stammt also nicht ausschließlich von der Lehrperson.

Dennoch ist natürlich nicht die Lehrperson zu vernachlässigen. Von ihr hängt entscheidend ab, welchen Erfolg das Unterrichtsvorhaben am Ende hat. Neben dem fachlichen Wissen benötigt sie auch ein Professionswissen, sowie didaktische und diagnostische Kompetenzen. Merkmale wie eine Klassenführungskompetenz, pädagogische Orientierung, ein Bewusstsein von Erwartungen und Zielen des Unterrichts und Engagement gehören zweifelsfrei ebenfalls zu einer erfolgreichen Lehrperson.

Besonders an der Wirkung (Ertrag) von Unterricht und Schule gab es nach PISA immer wieder Kritik. Auch hier lässt sich das ANM eine Analyse zu. Demnach ist es für den Ertrag besonders relevant, von welchen Zielkriterien der Unterricht ausgeht. Möchte man eine Leistungssteigerung erreichen oder strebt man einen Ausgleich von Leistungsunterschieden innerhalb der Klasse an? Welche kognitive oder affektive Wirkung löse ich mit dem Unterricht auf Schülerseite aus? Außerdem können unterschiedliche Kompetenzen angesprochen werden. Z.B. die Lernkompetenz oder die Sozialkompetenz. Es findet dabei immer ein Lernen statt, es muss zu Beginn allerdings die Zielsetzung festgelegt werden mit unterschiedlichen Lehr- /Lernszenarien. Die KMK geht in ihren Bildungsstandards nun nicht länger von rein fachlichem Wissen und Verstehen aus, sondern fordert zudem auch z.B. kommunikative Kompetenz und Lernkompetenz. Daher ist es unablässig, sich vor dem

Unterricht gewissenhaft zu überprüfen, ob alle Zielerwartungen stimmig mit dem gewünschten Ertrag sind.

Helmke schlägt vor, dass man fünf „Fragen an den Unterricht" stellt.

1. Gut wofür? Er fordert hier ein angepasstes Lehr- Lernszenario.

2. Gut für wen? Nicht für jede Schülergruppe ist die gleiche Methode des Unterrichts optimal. Daher muss man auch hier angepasst reagieren und passende Methoden für jede einzelne Schülergruppe finden.

3. Gut gemessen an welchen Startbedingungen? Je nach Klassenzusammensetzung, Bildungsgang und sonstigen Rahmenbedingungen, muss man mit unterschiedlichen Erwartungswerten in die Klasse gehen. So kann z.b. für eine Klasse mit „schlechten" Startbedingungen ein mittelmäßiger Notenschnitt einen Erfolg bedeuten, wohingegen der gleiche Notenschnitt in einer Klasse mit „optimalen" Startbedingungen einem Versagen gleichkommen kann.

4. Gut aus wessen Perspektive? Wer bewertet den Unterricht? Findet die Bewertung durch einen Kollegen, die Schülerinnen und Schüler oder den Fachleiter statt? Auch können Arbeiten des Bildungsmonitorings eine Bewertung vornehmen. All diese Bewertungen können zu unterschiedlichen Ergebnissen führen.

5. Gut für wann? Als Stichwort ist hier das sogenannte „teaching to the test" zu nennen. Bereitet man eine Klasse lediglich auf das Bestehen eines Tests vor, oder geht es darum, dass man die Klasse mit Wissen und Kompetenzen ausstattet, damit sie im Leben und im späteren Beruf einen guten Start haben.

Zum Schluss spielt noch die Prozessqualität des Unterrichts eine entscheidende Rolle. Verwechselt wird Qualität oft mit Quantität. Die Quantität beschreibt die tatsächliche Unterrichtszeit, abzüglich z.b. ausgefallener Stunden, Zeit, die für Störungen aufgewendet werden muss, sowie Organisationszeit. Der Zusammenhang von tatsächlicher Unterrichtszeit und dem Leistungszuwachs der Schülerinnen und Schüler verläuft zunächst tatsächlich positiv linear. Ab einem gewissen Zeitpunkt aber, ist es für den Leistungszuwachs nicht förderlich, noch mehr Unterricht zu erhalten. Die Kurve ähnelt in diesem Abschnitt eher einer Asymptote. Trotzdem ist auch hier eine, berechtigte, Forderung der KMK, dass Ganztagsschulen gefördert werden, um die Quantität des Unterrichts zu erhöhen. Ein weiterer Vorteil der Ganztagsschulen ist es, dass Schülerinnen und Schüler aus Familien bildungsferner Schichten besser gefördert werden sollen. Entscheidend für die Qualität des Unterrichts ist es daher, dass sich das Elternhaus für die Bildung ihres Kindes interessiert. Die

Ganztagsschule soll diese Kluft überwinden und diese Schülerinnen und Schüler abseits, aber natürlich trotzdem in Kooperation mit den Eltern, zu unterstützen.

Eine weitere Möglichkeit ist die Qualität des Unterrichts zu verbessern ist, die Qualität des Materials anzupassen. Beispielsweise gibt es in Asien andere Mathematik-Bücher, als es in Deutschland gibt. Hier sind die Aufgaben meistens eher in Übungsform gestellt. In Asien ist es jedoch verbreitet, dass die Bücher einen erklärenden Charakter haben. Auch hier könnte ein Aspekt des guten Abschneiden Asiens in den PISA-Studien liegen.

Schülerleistungen sind also als **Wechselspiel** vieler Faktoren zu betrachten. Lehrerinnen und Lehrer und Schülerinnen und Schüler sind als Koproduzenten von Leistungen anzusehen.

Das ANM von Helmke schafft es Leistung in Schule objektiver zu verstehen. Oft **kritisiert** wird dabei, dass das Modell zu abstrakt sei, um tatsächlich direkte Konsequenzen für die eigene Unterrichtsgestaltung abzuleiten. Diesem Kritikpunkt begegnet Helmke, indem er darauf aufmerksam macht, dass dies auch gar nicht die Intention des Modells sei, sondern es lediglich um die Verdeutlichung von möglichen Wirkmechanismen und –richtungen gehe. Ein weiterer Kritikpunkt ist der, dass alleine durch den Namen „Angebot und Nutzungsmodell" der Lehrer den Eindruck bekommt, dass er aus seiner Pflicht entbunden sei, für Schülerleistungen verantwortlich zu sein. Er stelle nur ein Angebot bereit und die Schülerinnen und Schüler seien nun in der Verantwortung dieses Angebot zu nutzen. Wenn man sich jedoch mit dem Modell, abseits vom Namen, etwas genauer beschäftigt, dann wird deutlich, dass Schulleistungen immer Koproduktionen sind und Angebot von beiden Seiten, Lehrerinnen und Lehrer und Schülerinnen und Schüler, zur Verfügung gestellt wird. Oft wird auch angemerkt, dass durch die eingeführten Bildungsstandards keine Kompatibilität mit dem Modell mehr hergestellt werden kann. Beim Nichterreichen eines Standards können aber auch hier mögliche Fehler im Modell gesucht und gefunden werden.

Alle Merkmale der **Unterrichtsqualität** sind dabei aber nicht in voller Ausprägung zu realisieren. Helmke spricht daher von einer wechselseitigen Kompensierbarkeit der Merkmale und meint damit, dass eine geringe Ausprägung eines Merkmals durch eine hohe Ausprägung eines anderen Merkmals kompensiert werden kann. Es ist sogar so, dass zwangsläufig Merkmale miteinander konkurrieren. Möchte man als Lehrer die maximale Ausprägung eines bestimmten Merkmals erreichen, dann ist dies zwangsläufig nur möglich, durch eine niedrigere Ausprägung von anderen Merkmalen. Sie dienen deshalb auch nicht als „Zutaten für ein Rezept", sondern sollen als Orientierungspunkte verstanden werden. Merkmalskataloge, wie der von Helmke, bieten damit eine Art Steuerungswissen, das Lehrerinnen und Lehrer nutzen können, um die Diagnose und Verbesserung der

Unterrichtsqualität zu erreichen. Der analytische Blick, der durch Merkmalskataloge geschärft wird ist zwar verlockend, allerdings muss zwangsläufig eine Synthese stattfinden. Wenn man nur einen Aspekt des Unterrichts untersucht, dann findet man womöglich Defizite, die man verbessern möchte. Was aber schnell aus dem Blick gerät ist der Unterricht in seiner Gesamtheit. Durch das Betrachten eines einzelnen Merkmals besteht die Gefahr von Kurzschlüssen, unter denen dann womöglich andere Aspekte des Unterrichts leiden könnten. Wenn man Unterricht darauf hin analysiert, dann wird einem auffallen, dass jeder Unterricht eine andere Merkmalsausprägung aufweist. Eine niedrige Ausprägung bei einem Merkmal kann also gravierend sein, muss es aber nicht.

**6. 10 Merkmale guten Unterrichts**

Wenn Helmke von den Merkmalen der Unterrichtsqualität spricht, dann steht er damit in einer langen Tradition von Pädagogen und Bildungsforschern, die die Wirkprinzipien von Unterricht erfassen wollten. Helmke schlägt 10 Merkmale vor, die möglichst wirkungsvoll zusammenwirken sollen, damit Unterrichtsqualität positiv ausfällt. Er erwähnt, dass dieser Merkmalskatalog keinen Anspruch auf Richtigkeit erhebt, sondern mehr oder weniger willkürlich festgesetzt wurde. So könnte man durchaus mehr als 10 oder weniger Merkmale aufführen, je nachdem, wie viel Schärfe man auf einen Gesichtspunkt legen will. Folglich gibt es auch eine Vielzahl von Möglichkeiten um diese Kriterien für die Unterrichtsdiagnose und Verbesserung einzusetzen. Der Katalog muss als Ausdruck pragmatischer Aspekte, die der Unterrichtsqualität zuzuordnen sind, gesehen werden. Die Relevanz der Merkmale für den Lernerfolg ist dabei wissenschaftlich nicht anzweifelbar, denn viele Merkmale sind empirisch fundiert (TIMSS, PISA, DESI, Münchner Studie, SCHOLASTIK, VERA). Bei anderen ist dies aber durchaus noch nicht so. Bei den 10 Merkmalen guten Unterrichts werden bewusst die fachspezifischen Aspekte außer Acht gelassen. Zweifelsfrei haben sie jedoch einen enormen Anteil an der Qualität von Unterricht. Die Merkmale Helmkes sollen jedoch fächerübergreifende Aspekte beleuchten. Die einzelnen Merkmale sind dabei keine homologen Strukturen, sondern dienen als Bezeichnungen für inhaltlich nicht abgeschlossene und durchaus verwandte Bereiche. Wie bereits erwähnt ist die Schärfe eines Merkmals von Bedeutung. Möchte man die Auflösung erhöhen, so wird das Merkmal zwar immer präziser, jedoch geht damit die Allgemeingültigkeit verloren.

Die große Kritik, der sich Merkmalskatalogen stellen müssen, ist, dass oft angenommen wird, Lehrerinnen und Lehrer könnten Unterricht nach den Merkmalen planbar gestalten. Außerdem wird oft gesagt, dass Merkmale viel zu starr seien, um in konkreten Unterrichtssituation eine Hilfe zu sein. Es ist aber auch nicht verwunderlich, wenn man bedenkt, dass sie gar nicht für konkrete Situationen gedacht sind, sondern nur ein statisches Wissen beinhalten und nicht allgemeingültig sind. Jeder Unterricht ist verschieden, daher ist auch jedes Mal die Ausprägung der Merkmale verschieden stark. Optimaler Unterricht kann jedoch mit deren Hilfe gelingen.

Im folgenden Abschnitt werde ich nun die **Zehn Merkmale guten Unterrichts** von Helmke kurz darstellen, wobei im Anschluss das Merkmal der Klassenführung und Nutzung der aktiven Lernzeit einer genaueren Betrachtung unterzogen werden.

1. Klassenführung: Laut Helmke umfasst eine effiziente Klassenführung drei Aspekte. Zuerst eine frühzeitige Etablierung und konsequent-konsistente Realisierung verbindlicher sozialer und akademischer Normen. Dies hat eine Prävention von Unterrichtsstörungen zum Ziel und führt somit zu einer Optimierung der Lehr-Lernzeit. Als nächstes muss man ein erfolgreiches unterrichtsbezogenes Zeitmanagement besitzen, damit keine Lernzeit vergeudet wird. Dazu zählen Aspekte wie Unpünktlichkeit, schleppende Übergänge, unnötige Wartezeit sowie der Umgang mit Technik und Medien. Zum Schluss muss man noch einen routinierten Umgang mit Störungen besitzen. In diesem Punkt erfährt man vor allem eine Stärkung durch eingeschliffene Routinen, Prozeduren und Rituale.

2. Klarheit und Strukturiertheit: Dieses Merkmal ist besonders für leistungsschwächere und wenig sprachkompetente Schülerinnen und Schüler von Bedeutung. Es geht um die Klarheit und Verständlichkeit von Lehreräußerungen, wie z.B. der Aufgabenstellung oder anschaulichen Beispielen. Es wird außerdem die ausdrückliche Aktivierung notwendigen Vorwissens verlangt. Unterricht soll eine Struktur erfahren, das kann durch „advance organizers" gelingen. Hausaufgaben sollten dabei ebenfalls Eingang in den Unterricht finden.

3. Konsolidierung und Sicherung: Dieser Bereich befasst sich mit dem Erlernen von Unterrichtsstoff. Aus der Lernforschung ist bekannt, dass Unterrichtsstoff erst dann dauerhaft gelernt wird, wenn er ausreichend oft und in angemessener Weise, das bedeutet nicht mechanisch, sondern intelligent (durch z.B. Transferaufgaben), geübt, konsolidiert und vertieft worden ist. Dies kann durch die Unterrichtsstunde selbst, oder durch Hausaufgaben gelingen.

4. Aktivierung: Hierunter fallen alle Aktivitäten und Szenarien, die das Ziel verfolgen das eigenständige Lernen von Schülerinnen und Schüler zu fördern. Konkret sind hiermit Ermutigungen zu eigenen Lösungswegen, Äußerung der eigenen Meinung und die Einforderung von Begründungen gemeint. Außerdem sollte man zum Nachdenken auffordernde Fragen stellen. Der Unterricht sollte das Ziel verfolgen, alle Schülerinnen und

Schüler mindestens einmal zu aktivieren. Dies kann eine Meldung sein, oder die Teilnahme an einer Diskussion, etc. Das rein sprachliche Input des Lehrers sollte durch Bewegungen oder visuelle Darstellungen angereichert werden, damit eine Aktivierung erleichtert wird.

5. Motivierung: Die Motivierung der Schülerinnen und Schüler umfasst vier Aspekte. Die Förderung der Lern- und Anstrengungsbereitschaft durch (hohe) Leistungserwartungen ist der erste Faktor. Hierdurch werden die Erwartungen ganz klar definiert und die Schülerinnen und Schüler können sich durch eigene Anstrengung den Erwartungen nähern und sie, im Idealfall, erfüllen. Der Lehrer kann die Motivation fördern durch eine interesseweckende Auswahl des Unterrichtsstoffes. Dieser sollte thematisch ansprechend gestaltet sein. Zu einer Motivationssteigerung kann auch die Akzentuierung der Wichtigkeit und Nützlichkeit des Lernstoffes für z.b. andere Fächer oder einen späteren Beruf führen. Schließlich müssen die Schülerinnen und Schüler aber auch die eigene Motivation des Lehrers erkennen können. Lehrerinnen und Lehrer müssen in der Lage sein ihre Klasse für den Stoff zu begeistern, schließlich üben sie eine Vorbildfunktion aus.

6. Lernförderliches Klima: Hier steht der Umgang mit Schülerfehlern im Mittelpunkt. Man sollte die Fehler als Lernchance sehen und nicht als Versagen. Sowohl als Lehrer, als auch im Gefüge der Klasse. Die Atmosphäre sollte von gegenseitiger Unterstützung geprägt sein und ein Klima der Kooperation herrschen. Dadurch findet eine Entwicklung der Lernmotivation und damit indirekt auch der Kompetenzentwicklung statt. Außerdem sollte die Unterrichtsatmosphäre hin und wieder aufgelockert werden, durch z.B. Scherze des Lehrers. Der Respekt der Schülerinnen und Schüler untereinander und der Lehrperson gegenüber wird gefördert durch das Ausredenlassen und das Ernstnehmen von Vorschlägen.

7. Schülerorientierung: Schülerorientierung fördert die Entwicklung der Lernbereitschaft und stärkt das Selbstvertrauen. Eine positive Lernatmosphäre fördert das Lernen und erleichtert damit sämtliche Lernprozesse. Erreicht werden kann dies durch das Ernstnehmen der Schülerinnen und Schüler als Person und indem man seinen Schülerinnen und Schüler als Lehrer das Gefühl gibt gemocht zu werden. Außerdem sollte man als Lehrer immer Ansprechpartner für Probleme der Schülerinnen und Schüler sein und sich auch ernsthaft für deren Probleme interessieren.

8. Kompetenzorientierung/Wirkungsorientierung: Hierunter werden Bereiche gefasst, die sich für die Wirkungen des Unterrichts interessieren. Darunter fallen diagnostische Kompetenzen, die das Einholen von Feedback beinhalten. Unterricht kann und sollte in regelmäßigen Abständen evaluiert werden. Außerdem sollten die Leistungsergebnisse der Klasse betrachtet werden, auch im Vergleich mit anderen Klassen. Nicht zuletzt sollte man als Lehrer auch eine

gewisse empirisch-experimentelle Orientierung besitzen, sprich die Bereitschaft ungewohnte, innovative und alternative Methoden praktisch auszuprobieren.

9. Umgang mit Heterogenität/Passung: Das Unterrichtsangebot sollte der Heterogenität der Schülerinnen und Schüler angepasst sein. Zur Heterogenität zählen viele Faktoren, beginnend beim Geschlecht, über die Sprachherkunft bis zum individuellen Fähigkeitsniveau. All diese Aspekte sollten berücksichtigt werden und durch gezielte Aufgaben, Projekte, Fragen oder Unterrichtsthemen betrachtet werden. Das Unterrichtstempo sollte daher in einer günstigen Zone zwischen Unter- und Überforderung für alle liegen. Passung bedeutet nämlich nicht, dass leistungsstarke Schülerinnen und Schüler auf leistungsschwache warten müssen, sondern durch individuelle Aufgaben eine eigene Förderung erfahren.

10. Angebotsvariation/Methodenvielfalt: Methoden sind kein Selbstzweck, sondern müssen für jede Situation passend sein. Dementsprechend ist eine möglichst hohe Anzahl von unterschiedlichen Methoden im Unterricht nicht sinnvoll. Das mögliche Maximum ist auch hier nicht das Optimum. Als Lehrer sollte man sich zwei Fragen stellen: 1. Kommen neben Frontalunterricht und der klassischen Gruppenarbeit überhaupt alternative Lehr-Lern-Formen vor? Kann ich meinen Schülerinnen und Schüler ein ausreichendes Maß an Abwechslung bieten? Die Quantität der Methoden wird demnach erfasst. Um Aussagen über die Realisierungsqualität treffen zu können, muss man die Methoden, in der konkreten Unterrichtssituation, einer genaueren Beobachtung unterziehen. Sind z.B. für die Kleingruppenarbeit alle Kriterien erfüllt? Habe ich als Lehrer eine ausreichende Vorbereitung getroffen, herrscht eine Atmosphäre des autonomen Arbeitens sowie Regelklarheit. Ist eine gruppeninterne Fairness vorhanden und findet eine Ergebnissicherung statt?

7. Merkmal der Klassenführung (Classroom management)

Im Folgenden werde ich mich näher mit dem Merkmal der Klassenführung beschäftigen. Die Wirksamkeit von guter Klassenführung ist unbestritten. Kein anderes Merkmal, mit Ausnahme von der kognitiven Schülerleistung, ist so eindeutig und konsistent mit dem Leistungsniveau verknüpft, wie die Klassenführung (Wang 1993). Auch die Hattie-Studie hat eine Effektstärke des „Classroom-Managements" mit d=0,52 auf den Lernerfolg nachgewiesen (Hattie 2013). Selbst die Anstrengungsbereitschaft war mit d=0,62 stark. Die Hattie-Studie ist eine Meta-Studie, die die Effektstärke aller Merkmale, sowohl schulisch, als auch außerschulisch mit d=0,40 bewertet. Bis d=0,60 ist der Effekt als moderat und über 0,60 als groß zu bezichnen. In Deutschland wurde zuletzt in der DESI-Studie die Wirksamkeit der Klassenführung untersucht. Sie korreliert dabei signifikant mit dem Leistungszuwachs und dem Lerninteresse. Auch die MARKUS-Studie kann Aussagen über die Klassenführung treffen. Demnach unterschieden sich die Klassen, die am besten abgeschnitten hatten, und die Klassen, die am schlechtesten abschnitten, am deutlichsten in dem Merkmal der Klassenführung voneinander. Die effiziente Klassenführung ist dabei nicht nur ein Merkmal, das erfüllt werden sollte, sondern es handelt sich dabei um eine Basiskompetenz der Lehrerprofessionalität. Neben der diagnostischen Kompetenz, der unterrichtsmethodischer Kompetenz und der fachlichen Kompetenz ist demnach die Klassenführungskompetenz für den Lernerfolg von entscheidender Bedeutung.

Im Folgenden soll ein integrativer Ansatz verfolgt werden, der mehrere Sichtweisen von Klassenführung vereint. Klassenführung bedeutet nicht nur Klassenlehrer zu sein. Ebenso geht es nicht primär darum nur eine gute Stunde abzuliefern. Klassenführung vereint diese Dimensionen und versucht auch, durch angemessene Reaktion auf Störungen, die aktive Lernzeit zu erhöhen. Der integrative Ansatz versucht all diese Dimensionen zu vereinen, um guten Unterricht gewährleisten zu können. Effiziente Klassenführung und guter Unterricht beeinflussen sich dabei gegenseitig. Unterricht wirkt motivierend, wenn er weder unter- noch überfordernd ist. Die Schülerinnen und Schüler sollen sich an der Gestaltung beteiligen können. Sind diese Aspekte gewährleistet, dann ist die Klassenführung in der Regel unproblematisch. Umgekehrt ist es leichter für den Lehrer, bei guter Klassenführung auch guten Unterricht umsetzen zu können. Es unterrichtet sich nicht nur leichter, sondern auch besser (Helmke). Die Erhöhung der aktiven Lernzeit als Ziel ist dabei aber nicht die Gewähr für einen automatischen Anstieg des Lernerfolgs der Schülerinnen und Schüler. Abhängig davon ist auch die fachliche, didaktische und methodische Kompetenz des Lehrers. Eine effiziente Klassenführung ist daher notwendig, aber nicht hinreichend für einen guten Unterricht (Helmke 2013).

Eine entscheidende Rolle spielt auch das Klima, das in der Klasse herrscht. Klima und Unterrichtsqualität hängen ebenfalls eng zusammen. Oft ist von „Stellschrauben" zu lesen, an denen man drehen könne, um die Qualität von Unterricht zu steigern. Diese Metapher ist aber veraltet. Wie wir bereits in dem ANM gesehen haben, ist es sehr viel komplexer, die Ursachen von gutem Unterricht zu analysieren, als es anhand von wenigen Merkmalen möglich ist. Ein besseres sprachliches Bild ist die Orchestrierung der Klasse mit dem Ziel eines lernförderlichen Klassenklimas und der Maximierung der aktiven Lernzeit. Unterschiedliche Klassen und Kontexte bedeuten dabei Gegen- oder Rückenwind für den Lehrer. So können z.B. Cliquen das Klima einer Klasse negativ beeinflussen, indem wissbegieriges Verhalten als „Strebertum" abgestempelt wird und Schülerinnen und Schüler aus der Clique ausgeschlossen werden. Wichtig hierbei ist die Kooperation von Elternhaus und Schule. Ebenso ist es förderlich, wenn im Kollegium Kooperation zum Standard gehört und eine Evaluationskultur etabliert ist. Als wichtigen Kontextfaktor sei auch noch die Schule als Organisation mit unterrichtswirksamer Führung zu nennen. All diese Aspekte tragen dazu bei ein störungsfreies Lernklima zu etablieren, mit klaren und hohen Erwartungen, sowohl an die Lehrerinnen und Lehrer, als auch an die Schülerinnen und Schüler.

Aber wie schafft man es als Lehrer eine gute Klassenführung zu etablieren? Kounin gilt hierbei als ein Klassiker des „Classroom-Managements". Er hat, vor ca. 40 Jahren, aufgrund von videographischen Methoden, Prinzipien der Klassen- bzw. Gruppenführung entwickelt. Ein Lehrer sollte allgegenwärtig sein und mehrere, sich überlappende Prozesse, im Blick haben. Dies sorgt dafür, dass er sich z.b. mit einer möglichen Störung schon befassen kann, während er noch andere Dinge tut. Ein Lehrer sollte zügig handeln und unnötige Unterbrechungen vermeiden. Dazu zählt auch ein gutes Übergangsmanagement, das Unterrichtssegmente durch knappe und eindeutige Überleitungen, verbindet. Dem schließt sich ein „roter Faden" an, den Kounin Geschmeidigkeit nennt. Außerdem sollte ein Lehrer in der Lage sein, seine gesamte Klasse zu aktivieren. Er sollte nicht nur gezielt einzelne Schüler(gruppen) ansprechen, sondern die Gesamtheit der Schülerinnen und Schüler als Ansprechpartner haben.

Eine große Bedeutung kommt den **Regeln, Routinen und Ritualen** zu. Die Effektstärke wird von Hattie mit d=0,76 beschrieben. Regeln sind dabei verbindliche Abmachungen für das Verhalten in der Schule. Diese sollte man, soweit möglich auf die gesamte Schule anwenden. Das sind neben den üblichen „Schulregeln" auch Verhaltensregeln, die mit festgelegten Konsequenzen verknüpft sind. Routinen sind spezifische, explizit gelernte und eingeübte Verhaltensmuster für immer wiederkehrende Situationen im Unterricht, die für Klarheit sorgen. Sie können initiiert und/oder unterstützt werden durch Signale, Gesten oder Symbole. Sie sorgen für eine Zeitersparnis und damit einer Maximierung von aktiver Lernzeit und nicht zuletzt auch für eine Lehrerentlastung (z.B. Schonung der Stimme). Rituale kommen in der Sekundarstufe II weniger zum Einsatz. Dazu zählen, vor allem in asiatischen Ländern die Morgengymnastik. Man findet aber auch Aspekte hierzulande. Als Lehrer kann man darauf achten, dass in einem festgelegten Rhythmus die Sitzordnung geändert wird. In der Grundschule findet man oft einen Erzählkreis, der als Ritual genutzt wird. Rituale schaffen, wenn sie nicht überstrapaziert werden, eine lernförderliche Atmosphäre. Notwendig dafür sind aber eine schrittweise Einübung und regelmäßige Praxis.

Die Allgegenwärtigkeit des Lehrers spielt ebenfalls eine bedeutende Rolle. Hierbei handelt es sich zweifellos um den wirkungsvollsten Aspekt der Klassenführung, wie in der Hattie-Studie mit einer Effektstärke von d=1,42 (Hattie 2013) belegt werden konnte. Dazu zählt die Fähigkeit des Multi-Taskings, der Beobachtung von mehreren, simultan verlaufenden Handlungssträngen und Situationen.

Die Minimierung von Zeitdieben durch schleppende Übergänge, Verspätung, Nichtbeherrschung von Technik, etc. spielt auch eine Rolle in der Maximierung von Lernzeit. Auch hierbei unterstützen Regel, Routinen und Rituale.

Zu einer guten Klassenführung gehört es, dass man erwünschtes Schülerverhalten auf- und unerwünschtes Verhalten abbaut. Die Wirksamkeit wird durch Hattie mit einer Effektstärke von d=0,76 angegeben. Bewährt hat sich hierbei der Low-Profile-Ansatz (Borich). Übersetzt wird er mit „den Ball flach halten". Auf der Zeitschiene werden dabei drei Zonen unterschieden. Die Anticipation meint das Beobachten möglicher Störungen im Vorfeld mit dem Ziel der Vorbeugung. Deflection beschreibt eine sparsame Aktion bei unmittelbar bevorstehenden Störungen. Dazu gehören z.B. Gesten, kurzer Blickkontakt oder das sog. „name dropping". Reaction ist der letzte Schritt, wenn die subjektive Akzeptanzschwelle erreicht wurde. Dabei werden Störungen unterbunden, möglichst diskret.

Das Wissen um die klassischen Varianten des operanten Lernens sollte aber nicht unterschätzt werden. Positive Verstärkung, Bestrafung, negative Verstärkung und Entzug eines positiven Verstärkers sind immer noch wirksame Mechanismen, um gewünschtes Verhalten zu fördern und unerwünschtes Verhalten unterbinden. Praxismöglich wird dies z.B. durch Time-Out-Räume oder Gutscheinverstärkung.

Nicht zuletzt spielt auch die Lehrerpersönlichkeit eine entscheidende Rolle (Effektstärke d=0,70, Hattie 2013) bei der Klassenführung. Autorität, Glaubwürdigkeit, Auftreten, Körpersprache und eine subjektive Theorie von „gut geführten Klassen". Lehrerinnen und Lehrer sollten in der Lage sein, eine emotionale Beziehung zu Schülerinnen und Schüler eingehen zu können und sie nicht nur als Notwendigkeit betrachten. Sie sollten kontinuierlich ihren Unterricht hinterfragen und Möglichkeiten zu Verbesserung wahrnehmen.

Zusammenfassend lässt sich festhalten, dass erfolgreiche Klassenführung durch prozessbezogene Merkmale beschrieben werden kann, wie sie Kounin beschreibt. Allgegenwärtigkeit, Überlappung, Reibungslosigkeit und Schwung und ein Fokus auf die gesamte Gruppe.

Vorausschauendes Planen und Vorbereiten der Lernumgebung gehören ebenfalls dazu (Evertson). So sollten Lehrerinnen und Lehrer den Klassenraum vorbereiten, Regeln und

Verhaltensweisen festlegen, Regeln und Prozeduren unterrichten und die Verantwortlichkeit der Schülerinnen und Schüler stärken.

Ein Managen von möglichen und bereits eingetretenen Störungen gehört ebenfalls dazu, wie es der low-profile-Ansatz mit präventivem, proaktivem und reaktivem Verhalten zeigt.

Zusammenfassend zeigt sich die Mannigfaltigkeit des Themas. Genau wie Helmke es fordert, soll dieser erste Überblick dazu dienen, die Stellschrauben des Unterrichts zu erkennen. In späteren Schritten kann man dann dazu übergehen, zu sehen, welchen Effekt es hat, einzelne Bedingungen des Unterrichts zu ändern.

# Literaturverzeichnis:

- Arnold, Karl-Heinz, Sandfuchs, Uwe, Wiechmann, Jürgen (Hrsg.) (2006). Handbuch Unterricht. Bad Heilbrunn, Klinikhardt.
- Haag, L./ Streber, D. (2012): Klassenführung. Erfolgreich unterrichten mit Classroom Managment.
- Hattie, John, Yates, Gregory C.R. (2015). Lernen sichtbar machen aus psychologischer Perspektive. Schneider Verlag Hohengehren GmbH. Baltmannsweiler.
- Helmke, A. (2007). Aktive Lernzeit optimieren - Was wissen wir über effiziente Klassenführung? In: Pädagogik, 59 (5),S, 46-50.
- Helmke, Andreas (2007): Unterrichtsqualität erfassen, bewerten, verbessern. 6. Aufl. Eberhard Friedrich Verlag. Seelze.
- Helmke, Andreas (2009): Unterrichtsqualität und Lehrerprofessionalität. Diagnose, Evaluation und Verbesserung des Unterrichts. 2. Aufl. Seelze-Velber: Kallmeyer.
- Kanders, M. (2000). Das Bild der Schule aus der Sicht von Schülern und Lehrern II. Dortmund: IFS-Verlag
- MAYR, J. (2007): Führungskräfte im Klassenraum. Erfolgreiche Strategien der Klassenleitung erkennen und entwickeln in: Becker, G. & A. Feindt u.a. (Hrsg.): Guter Unterricht. Maßstäbe und Merkmale - Wege und Werkzeuge. Friedrich Jahresheft XXV. Velber, S. 8 – 11.
- Meyer, H. (2004). Was sind Unterrichtsmethoden? In: Pädagogik 1/2004, S. 12-15.
- Meyer, Hilbert (2013): Was ist guter Unterricht? 9. Aufl. Cornelsen Schulverlag GmbH. Berlin.
- Wellenreuther, M. (2014): Lehren und Lernen - aber wie? 2. Aufl. Schneider Verlag Hohengehren GmbH.